〈우리 문화의 뿌리〉는 초등학교 사회
5학년 2학기 [1. 옛사람들의 삶과 문화]에 수록되어 있는
내용으로서, 우리 땅에 처음 생긴 고조선과
그 뒤를 이어 고구려, 백제, 신라가
어떻게 세워졌는지 알려 주어요.

추천·감수

정동찬 | 연세대학교 대학원 사학과를 졸업했습니다. 신지식인으로 문화관광부 문화재위원회 문화재 전문위원, 한국박물관학회와 한국과학사학회 이사, 과학기술 앰배서더로 활동하였습니다.

윤용현 | 고려대학교 대학원 문화재학과를 졸업했습니다. 전북도청 문화재분과 조사·심사위원, 한국산업기술사학회 편집위원을 지냈습니다. 현재 국립중앙과학관 학예연구관으로 있습니다.

윤대식 | 충북대학교 대학원 사학과를 졸업하고, 청주 백제유물전시관 학예연구사를 역임하였습니다. 현재 국립중앙과학관 학예연구사로 있습니다.

송명호 | 한국아동문학회 회장, 한국문인협회 상임이사, 국제펜클럽 한국본부 이사를 지냈습니다. 제1회 문화관광부 5월 예술상, 제1회 소년한국문학상, 소천아동문학상, 한국문학상, 대한민국문학상, 국제펜문학상을 받았습니다.

이상배 | 〈월간문학〉 신인상에 동화 '엄마 열목어'가 당선되었고, 대한민국문학상, 한국동화문학상, 한국아동문학상, 김동리문학상, 어린이도서상(기획편집) 등을 받았습니다.

글 김이하

1989년 〈동양문학〉에 시로 등단하여, 월간 〈신부〉, 〈사람과 컴퓨터〉 등의 잡지사에서 기자·편집장으로 일했으며, 현재 월간 〈작은 것이 아름답다〉 편집 위원으로 있습니다. 쓴 책으로는 〈내 가슴에서 날아간 UFO〉, 〈타박타박〉, 〈세계의 신화 전설(중국 편)〉(전 5권) 등이 있습니다.

그림 이남구

한국출판미술협회 회원입니다. 제1회 IPC 국제그림동화 원화전에 초대 출품하고, 어린이문화진흥회 동시화공모전 기성부문 동상을 수상했습니다. 그린 책으로는 〈한국의 문화〉, 〈그림 한국사〉, 〈천지 창조〉 등이 있습니다.

01 전통문화 대장간

널리 인간을 이롭게 하라

총기획 및 발행인 박연환　**발행처** 한국톨스토이　**출판등록** 제406-2008-000061호

본사 경기도 성남시 분당구 금곡동 444-148 한국헤르만헤세 빌딩

대표전화 (031)715-8228　**팩스** (031)786-1001　**고객문의** 080-470-7722

편집 백영민, 송정호, 이승희, 윤정민　**디자인** 이성숙, 김란희, 이혜영, 김양희

이미지 제공 경기도박물관, 국립중앙박물관, 고양화장실전시관, 목탄연구소, 세종대왕기념사업회, 옹기민속박물관, 육군박물관, 연합포토, 이종백, 포인스닷컴, 청주고인쇄박물관, 화폐박물관

www.tolstoi-book.co.kr

〈전통문화 대장간〉은 한국일보사가 주최하고 교육과학기술부, 대한출판문화협회에서 후원하여 국내 최고의 교육 제품을 선정하는 **한국교육산업대상**을 받았으며, 세계적인 **이탈리아 볼로냐 국제아동도서전 라가치상**에 출품하여 높은 평가를 받은 우수한 도서입니다.

01 백두한라 문화관
우리 문화의 뿌리

널리 인간을 이롭게 하라

글 김이하 | 그림 이남구

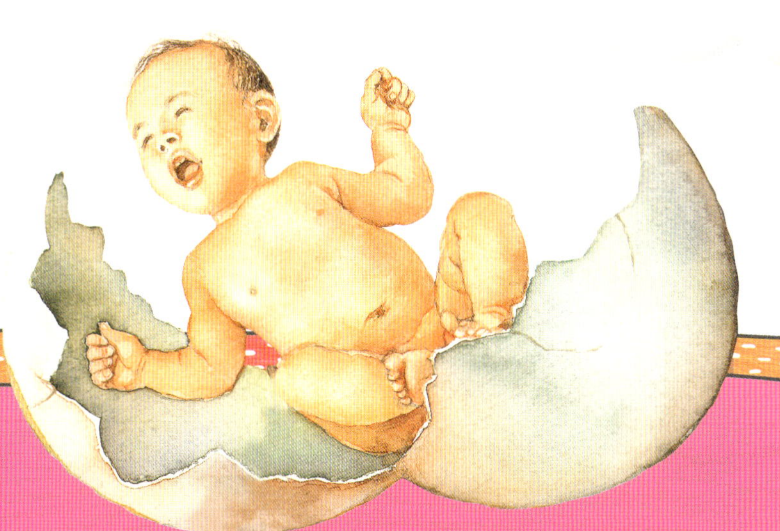

한국톨스토이

우리가 살고 있는 이 땅에
처음 어떻게 나라가 생겼을까요?
지금부터 오천여 년 전,
하늘나라 임금 환인이 두둥실 구름을 타고
아래에 펼쳐진 땅을 찬찬히 둘러보았어요.
"허허, 참으로 고요하고 아름답구나.
산은 우뚝하고 골짜기도 깊고 푸르군.
봄, 여름, 가을, 겨울, 사계절도 뚜렷하고……."

환인이 아들 환웅을 불러 말했어요.
"인간 세상에 내려가고 싶으냐?"
"네, 사람 사는 세상을 널리 이롭게 하고 싶습니다."
환인은 고개를 끄덕이며 칼, 방울, 거울을 주었어요.
"그래, 살기 좋고 풍요로운 세상을 만들어 보아라."
환웅은 자신을 따르는 무리 삼천을 거느리고
태백산 신단수로 내려왔어요.

청동 검, 청동 방울, 청동 거울은 왕을 나타내는 물건
으로, '천부인'이라고 해요. 환웅은 천부인을 가지고
신단수로 내려왔어요. 신단수는 하늘과 땅을 이어 주
는 신성한 나무랍니다.

환웅이 인간 세상을 다스리던 어느 날,
곰과 호랑이가 환웅을 찾아왔어요.
"저희는 사람이 되고 싶어요. 소원을 들어주세요."
환웅은 쑥과 마늘을 내주며 일렀어요.
"이것만 먹고 백 일 동안 햇빛을 보지 않으면
너희도 사람이 될 수 있느니라."
곰과 호랑이는 컴컴한 동굴로 들어갔어요.
하지만 호랑이는 며칠 견디지 못하고 뛰쳐나갔지요.
곰은 묵묵히 하루하루를 견뎠어요.

마침내 곰은 아리따운 여인이 되었어요.

"너를 웅녀라고 부르겠다."

환웅은 신단수 아래에서 웅녀와 부부가 되었지요.

그리고 열 달 뒤에 웅녀는 아들을 낳았어요.

그 아들이 바로 단군왕검이에요.

단군왕검은 '고조선'이란 나라를 세워 임금이 되었답니다.

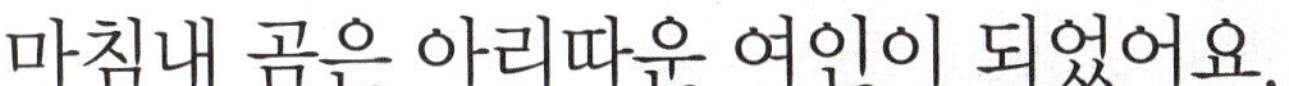

우리 민족의 첫 나라인 고조선은 기원전 2333년에 일어나 기원전 108년에 없어졌어요. 한반도 서북부와 중국 요동 지역을 차지하고, 법체계를 갖춘 고대 국가였지요.

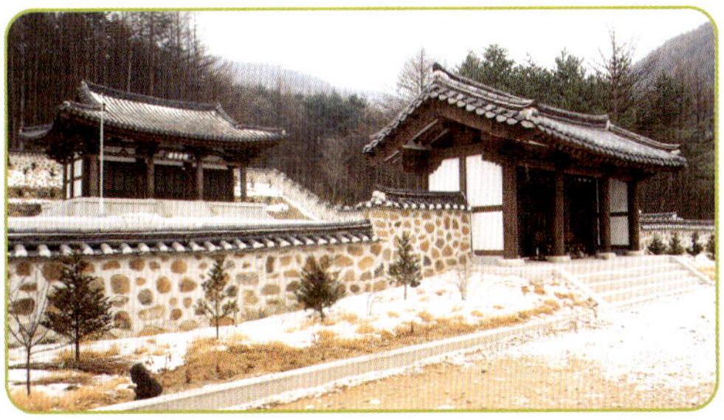

▲ 태백산에 있는 단군의 영정을 모신 사당

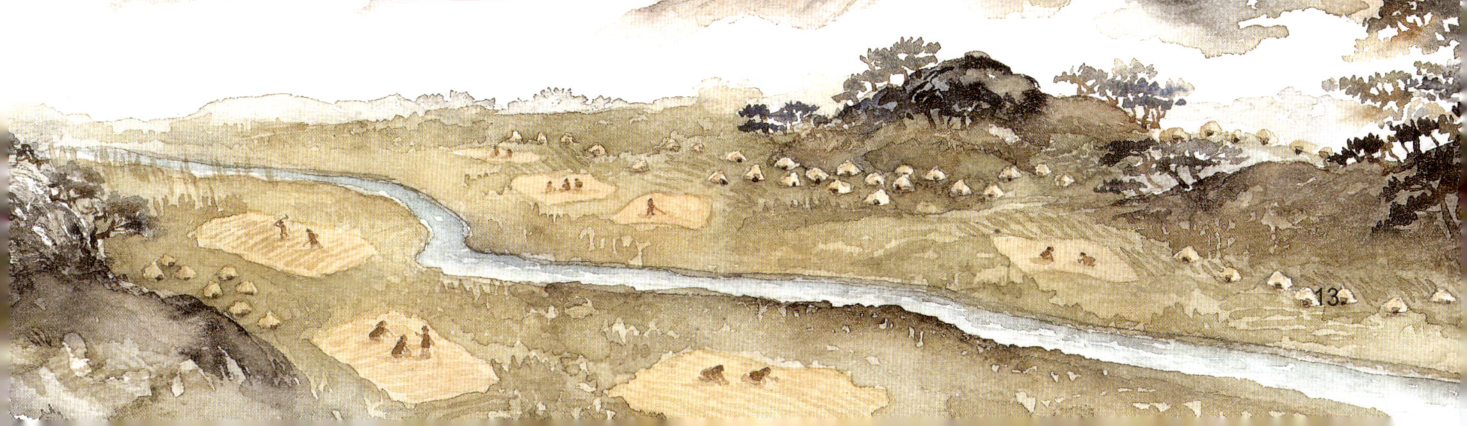

이웃 나라 부여의 해부루 왕은 늦도록 자식이 없었어요.
"신령님, 부디 자식을 갖게 해 주십시오."
산에 올라 신령님께 기도하고 내려오는 길에
갑자기 수레가 어떤 바위 앞에서 꼼짝도 하지 않았어요.

“음, 저 바위를 들추어 보라.”

바위 밑에는 온몸이 금빛으로 빛나는 아기가 울고 있었어요.

해부루는 아기를 궁궐로 데려와 아들로 삼았어요.

그 아기가 자라 해부루의 뒤를 이어 금와왕이 되었지요.

어느 날, 한 어부가 금와왕을 찾아왔어요.
"그물을 던지기만 하면 이상한 것이 그물 속으로 들어와
물고기를 모두 빼앗아 가 버립니다."
금와왕은 직접 보려고 어부를 따라 강가로 나갔어요.
어부가 힘차게 그물을 던졌지요.
"아니, 그물에 걸린 것이 무엇이냐?"
그물에 걸린 것은 웬 아리따운 여인이었어요.

여인은 눈물을 글썽이며 말했어요.
"저는 물의 신 하백의 딸인 유화라고 합니다.
하느님의 아들 해모수를 만나 같이 살았지요.
그런데 해모수가 하늘로 돌아간 뒤 아무 소식이 없자,
저는 부모님의 노여움을 사 쫓겨나고 말았습니다."
금와왕은 유화가 가여워서 궁궐로 데려갔어요.
어느 날, 한 줄기 햇빛이 유화를 따라다니며 비추더니,
유화의 배가 점점 불러 왔어요.

몇 달 뒤 유화는 커다란 알을 낳았어요.

알이 깨지며 사내아이가 우렁차게 울었어요.

쑥쑥 자란 아이는 활을 아주 잘 쏘았어요.

"훌륭한 활 솜씨야. 주몽이라고 불러야겠어."

주몽은 '활을 잘 쏘는 사람'이란 뜻이에요.

하지만 금와왕의 일곱 아들은 주몽을 미워했어요.

"흥, 이러다가는 주몽이 부여의 왕이 되겠는걸."

일곱 아들이 주몽을 죽이려고 하자,

주몽은 부여를 떠나 새로운 나라 '고구려'를 세웠답니다.

주몽은 동명 성왕이라고 일컬어요. 고구려는 한반도 북부와 중국 동북 지방의 커다란 땅을 차지했지만, 668년에 당나라와 신라에게 멸망하고 말았어요. 평안남도 중화군에 동명왕릉이 있답니다.

▲ 주몽의 무덤으로 알려진 동명왕릉

21

주몽이 고구려를 다스린 지 십여 년이 흘렀어요.
그동안 왕자 비류와 온조가 태어났지요.
하지만 주몽은 부여에 남겨 두고 온 어머니와
아내 예씨 부인을 잊을 수가 없었어요.
한편 예씨 부인은 홀로 아들 유리를 낳아 키웠지요.
어느 날, 몸가짐이 반듯한 젊은이가 주몽을 찾아왔어요.
"저는 임금님의 아들 유리입니다!"

젊은이는 부러진 반쪽짜리 칼을 내놓았어요.
주몽은 깜짝 놀라 자신이 갖고 있던
나머지 반쪽을 꺼내 맞추어 보았어요.
"오, 한 치의 어긋남 없이 들어맞는구나.
너는 내 아들이 분명하다."
주몽이 유리에게 임금 자리를 물려주려 하자,
비류와 온조는 새 땅을 찾아 떠났어요.
각자 자기를 따르는 백성들과 함께
남쪽으로, 남쪽으로 내려갔지요.

"널찍한 이 땅에 나라를 세우자!"
형 비류는 바닷가 미추홀에 자리를 잡았어요.
동생 온조는 더 내려가 한강 남쪽에 닿았어요.
그곳은 땅이 기름져 농사짓기에 좋았지요.
온조는 나라 이름을 '십제'라고 지었어요.
세월이 흘러 비류가 세상을 떠나자,
미추홀에 살던 백성들이 온조를 찾아왔어요.
온조는 기꺼이 백성들이 살 곳을 마련해 주었지요.
뒤에 온조는 나라 이름을 '백제'라고 하였답니다.

쏙쏙 신토불이

백제는 찬란한 문화를 꽃피워 일본에 많이 전해 주었어요. 660년 신라와 당나라에 멸망했지요. 서울 송파구 방이동에는 백제의 초기 도읍지로 알려진 몽촌토성이 있어요.

▲ 백제의 초기 도읍지로 알려진 몽촌토성

남쪽 진한 땅에는 여섯 마을이 있었어요.
마을마다 촌장이 있어 마을 일을 맡아보았지요.
어느 날, 촌장 소벌이 숲을 지나다가
눈부시게 빛나는 흰말을 보았어요.
"신기하구나. 저 말은 어디에서 왔을까?"
소벌이 조심조심 다가가자, 흰말은 순식간에 사라졌어요.
그 자리에는 커다란 자줏빛 알이 놓여 있었지요.
"이 알은 하늘이 내려 주신 게 틀림없어."

소벌은 냇가로 가서 조심조심 알을 씻었어요.
그랬더니 갑자기 알이 쩍 갈라지면서
온몸이 번쩍번쩍 빛나는 아기가 나왔지요.
"오, 하늘에서 내려온 아이다!"

촌장들은 아기에게 '박혁거세'라는 이름을 지어 주었어요.
박혁거세는 열세 살에 서라벌이란 나라를 세웠어요.
서라벌은 뒤에 나라 이름을 '신라'로 바꾸었답니다.

박혁거세는 죽을 때 몸이 하늘로 올라가 다섯 조각
으로 나뉘어 떨어졌다고 해요. 그래서 무덤도 다섯
개를 만들어 '오릉'이라고 불러요. 신라는 고구려와
백제를 멸망시키고 삼국을 통일했어요.

▲ 박혁거세의 무덤

낙동강 아래쪽에는 아홉 마을이 있었어요.
어느 날, 사람들은 거북 모양의 산봉우리 아래에 모여
임금님을 내려 달라고 노래를 불렀어요.
"거북아, 거북아, 머리를 내놓아라.
내놓지 않으면 구워서 먹으리."
그러자 하늘에서 금빛 함이 내려왔어요.
함에는 번쩍번쩍 빛나는 알이 여섯 개 들어 있었지요.
맨 처음 알에서 나온 아기의 이름을 '김수로'라고 지었어요.
김수로는 왕이 되어 나라 이름을 '가야국'이라 했어요.
나머지 다섯 아기도 다섯 가야의 임금이 되었답니다.

널리 인간을 이롭게 하라

단군왕검은 기원전 2333년에 '널리 인간을 이롭게 하기' 위해 나라를 세우고 '조선'이라고 이름을 붙였어요. 그런데 수천 년 뒤인 1392년에 이성계가 나라를 세우고 또다시 '조선'이라고 이름 붙였지요. 그래서 단군 조선은 '고조선'이라고 부르게 되었어요. 고조선은 어떤 나라였을까요?

또 다른 단군 신화가 있다고요?

단군왕검이 웅녀와 환웅 사이에서 태어났다는 단군 신화는 〈삼국유사〉에 전해 내려오는 이야기이고, 〈제왕운기〉에는 단웅천왕이 손녀에게 약을 먹여 사람이 되게 한 뒤, 단수신과 혼인시켜 낳은 아들이 단군왕검이라고 되어 있어요. 오늘날 〈제왕운기〉보다 〈삼국유사〉가 더 오래된 기록으로 인정받고 있지요.

▲ 고조선을 세운 단군의 영정

단군왕검은 한 사람의 이름인가요?

▲ 단군왕검이 제사를 지냈다는 참성단

'단군'은 종교적 지배자를 가리키는 말이에요. 무당을 '당굴', '당골'이라고 부르는 것과 관련이 있지요. 또한 '왕검'은 정치적 지배자를 가리키는 말이에요. 그러니까 '단군왕검'은 어떤 한 사람의 이름이 아니라 종교와 정치 모든 면에서 고조선을 다스린 우두머리를 가리키는 말이었던 거예요.

고조선 때도 법이 있었다고요?

고조선은 나라의 기틀이 잡히자 '8조의 법'을 만들었어요. 현재 남아 있는 것은 '사람을 죽인 자는 곧바로 죽인다.', '남에게 상처를 입힌 자는 곡식으로 갚는다.', '도둑질한 자는 그 집 종으로 삼는다.' 등의 3개 항목뿐이에요.

이를 통해 고조선이 사람의 생명을 소중히 여기고, 개인의 재산을 인정하는 사회였다는 것, 또 노비가 있었다는 사실도 알 수 있지요.

대장간 돋보기

단군의 무덤, 있다 없다!

1993년, 북한에서 단군의 무덤을 발견했다고 발표했어요. 평양 대박산 기슭에서 5011년 전의 사람 뼈 86개와 금동 왕관이 발견되었는데, 그것이 단군과 단군의 부인 뼈라는 것이지요.

하지만 북한이 관계 자료들을 공개하지 않았기 때문에, 그 발표가 진짜인지 가짜인지 여전히 알 수 없어요.

▲ 평양에 있다는 단군의 무덤

똑똑
교과서
X-파일
고조선은 청동기 문화를 바탕으로 힘을 기른 나라예요. 농사 도구와 기술이 발전하여 생활이 넉넉해지자 다른 나라와 물건을 주고받기도 했지요. 한때 만주와 한반도 북부의 넓은 땅을 지배했을 만큼 크게 발전했던 고조선 사람들의 생활 모습을 구경해 볼까요?
나무나 돌로 만든 도구로 조, 보리, 콩 등을 재배했어.
▲ 반달 돌칼
적을 막기 위해서 마을 주위에 울타리를 쳤어.

고인돌은
고조선 시대의
무덤이야.
마을은 주로 강을 끼고 있는
구릉이나 들 가까이에 있는
낮은 산 아래에 세웠어.
고조선 시대에
이미 계급이
나누어졌대.
방울이 여덟 개
달린 팔주령은
제사 때 쓰인 것 같아.
▲ 고인돌
▲ 민무늬 토기
▲ 팔주령

전통문화 대장간 교과 수록 및 연계

권	주제	제목	교과 수록 및 연계
1	우리 문화의 뿌리	널리 인간을 이롭게 하라	초등학교 사회 5학년 2학기(1. 옛사람들의 삶과 문화) / 중학교 역사①(지학사, 대교, Ⅰ. 문명의 형성과 고조선의 성립) / 중학교 역사①(미래엔, Ⅰ. 문명의 형성과 고조선의 성립)
2	고인돌	고인돌이 무덤이라고?	초등학교 사회 4학년 1학기(2. 우리가 알아보는 지역의 역사) / 초등학교 사회 5학년 2학기(1. 옛사람들의 삶과 문화) / 중학교 사회 1학년(천재교육, 8. 문화의 이해와 창조) / 중학교 역사①(천재교육, 동아출판, 지학사, 대교, 교학사 Ⅰ. 문명의 형성과 고조선의 성립)
3	벽화	벽화에서 나온 고구려 무사	초등학교 사회 5학년 2학기(1. 옛사람들의 삶과 문화) / 중학교 역사①(대교, Ⅱ. 삼국의 성립과 발전, 동아출판, 비상교육, Ⅲ. 통일 신라와 발해)
4	열두 띠	하늘나라로 달려간 열두 동물들	초등학교 사회 3학년 2학기(2. 시대마다 다른 삶의 모습) / 초등학교 사회 5학년 2학기(1. 옛사람들의 삶과 문화)
5	경주 유적	신라의 수도 경주로 가 볼까?	초등학교 사회 3학년 1학기(2. 우리가 알아보는 고장 이야기) / 초등학교 사회 5학년 2학기(1. 옛사람들의 삶과 문화)
6	서당	멍멍이도 하늘 천 땅 지	초등학교 사회 5학년 2학기(1. 옛사람들의 삶과 문화, 2. 사회의 새로운 변화와 오늘날의 우리) / 중학교 역사①(미래엔, Ⅳ. 고려의 성립과 발전, 천재교육, 지학사, 미래엔, Ⅵ. 조선의 성립과 발전)
7	문화의 전파	조상님, 왜 일본으로 가셨나요?	초등학교 사회 5학년 2학기(1. 옛사람들의 삶과 문화) / 중학교 역사①(지학사, 대교, 천재교육, 비상교육, 동아출판, Ⅱ. 삼국의 성립과 발전, 천재교육, 대교, 미래엔, Ⅲ. 통일 신라와 발해)
8	화폐	돈 나와라, 뚝딱!	초등학교 사회 3학년 2학기(2. 시대마다 다른 삶의 모습) / 중학교 역사①(대교, Ⅰ. 문명의 형성과 고조선의 성립, 비상교육, 미래엔, 교학사, Ⅱ. 삼국의 성립과 발전, 동아출판, 지학사, 대교, Ⅳ. 고려의 성립과 발전)
9	궁궐	장원 급제한 세자마마	초등학교 사회 3학년 2학기(2. 시대마다 다른 삶의 모습) / 초등학교 사회 5학년 2학기(2. 사회의 새로운 변화와 오늘날의 우리)
10	장인	내 솜씨 한번 볼래?	초등학교 사회 3학년 2학기(2. 시대마다 다른 삶의 모습) / 초등학교 사회 5학년 2학기(1. 옛사람들의 삶과 문화) / 중학교 역사①(미래엔, Ⅵ. 조선의 성립과 발전) / 중학교 과학 1학년(지학사, 3. 상태 변화와 에너지)
11	장승	장승아, 마을을 지켜 줘	초등학교 사회 3학년 1학기(2. 우리가 알아보는 고장 이야기) / 중학교 사회 1학년(교학사, Ⅷ. 문화의 이해와 창조) / 중학교 역사①(지학사, 천재교육, 비상교육, Ⅰ. 문명의 형성과 고조선의 성립)
12	민속 신앙	집 안에 웬 신이 이리 많을까	초등학교 사회 3학년 2학기(2. 시대마다 다른 삶의 모습)
13	설과 추석	떡국 먹고 송편 빚고	초등학교 사회 3학년 2학기(2. 시대마다 다른 삶의 모습)
14	대보름	달아 달아 둥근달아	초등학교 사회 3학년 2학기(2. 시대마다 다른 삶의 모습)
15	단오	향단아, 그네를 밀어라	초등학교 사회 3학년 2학기(2. 시대마다 다른 삶의 모습)
16	탄생	고추 달고 숯 달고	초등학교 사회 3학년 2학기(2. 시대마다 다른 삶의 모습, 3. 가족의 형태와 역할 변화)
17	혼례	연지 찍고 가마 타고	초등학교 사회 3학년 2학기(3. 가족의 형태와 역할 변화) / 중학교 역사①(지학사, 동아출판, Ⅴ. 고려 사회의 변천)
18	장례	꽃가마 탄 할아버지	초등학교 사회 3학년 1학기(2. 우리가 알아보는 고장 이야기) / 초등학교 사회 3학년 2학기(3. 가족의 형태와 역할 변화)
19	민속놀이	어절씨구 한판 놀아 보세	초등학교 사회 3학년 2학기(2. 시대마다 다른 삶의 모습) / 초등학교 사회 4학년 1학기(2. 우리가 알아보는 지역의 역사) / 중학교 역사①(대교, Ⅰ. 문명의 형성과 고조선의 성립, 미래엔, Ⅱ. 삼국의 성립과 발전, 미래엔, 대교, Ⅲ. 통일 신라와 발해, 비상교육, 대교, 미래엔, Ⅴ. 고려 사회의 변천)
20	탈춤	덩더꿍덩더꿍 탈춤을 추자	초등학교 사회 3학년 1학기(2. 우리가 알아보는 고장 이야기) / 초등학교 사회 5학년 2학기(2. 사회의 새로운 변화와 오늘날의 우리)
21	북과 종	북돌이와 종칠이의 꿈	초등학교 사회 3학년 1학기(2. 우리가 알아보는 고장 이야기, 3. 교통과 통신 수단의 변화) / 중학교 역사①(천재교육, 대교, Ⅲ. 통일 신라와 발해)
22	전통 악기	거문고 뜯고 가야금 타고	초등학교 사회 3학년 1학기(2. 우리가 알아보는 고장 이야기) / 중학교 역사①(미래엔, Ⅱ. 삼국의 성립과 발전)
23	전통 음악	최고의 소리꾼이 되고 싶어	초등학교 사회 4학년 1학기(2. 우리가 알아보는 지역의 역사) / 초등학교 사회 5학년 2학기(1. 옛사람들의 삶과 문화) / 중학교 사회 1학년(교학사, Ⅳ. 지역마다 다른 문화, 법문사, Ⅷ. 문화의 이해와 창조)
24	농사	에헤라, 풍년일세!	초등학교 사회 3학년 2학기(1. 환경에 따라 다른 삶의 모습, 2. 시대마다 다른 삶의 모습) / 중학교 사회 1학년(미래엔, Ⅳ. 지역마다 다른 문화, 비상교육, Ⅷ. 문화의 이해와 창조) / 중학교 역사①(천재교육, Ⅵ. 조선의 성립과 발전)
25	밥상	푸짐한 밥상, 소박한 밥상	초등학교 사회 3학년 2학기(2. 시대마다 다른 삶의 모습)
26	전통 떡	쑥덕쑥덕 떡 잔치가 열렸네	초등학교 사회 3학년 2학기(2. 시대마다 다른 삶의 모습) / 초등학교 사회 5학년 2학기(1. 옛사람들의 삶과 문화) / 중학교 사회 1학년(새롬교육, Ⅳ. 지역마다 다른 문화)
27	전통 군음식	이거 한번 먹어 봐	초등학교 사회 3학년 2학기(2. 시대마다 다른 삶의 모습)
28	김치	김치 없이는 못 살아	초등학교 사회 3학년 2학기(2. 시대마다 다른 삶의 모습) / 초등학교 과학 5학년 1학기(5. 다양한 생물과 우리 생활) / 중학교 과학 3학년(지학사, 5. 물질 변화에서의 규칙성) / 중학교 역사①(미래엔, Ⅱ. 삼국의 성립과 발전) / 중학교 사회 1학년(법문사, 교학사, 대교, 금성, Ⅷ. 문화의 이해와 창조)
29	메주	쿠크 별로 간 된장	초등학교 사회 3학년 2학기(2. 시대마다 다른 삶의 모습) / 초등학교 과학 5학년 1학기(5. 다양한 생물과 우리 생활) / 중학교 과학 1학년(삼화, 2. 분자의 운동) / 중학교 사회 1학년(대교, Ⅳ. 지역마다 다른 문화)
30	장날	아빠, 장 보러 가요	초등학교 사회 4학년 2학기(2. 필요한 것의 생산과 교환) / 초등학교 사회 5학년 2학기(2. 사회의 새로운 변화와 오늘날의 우리)
31	팔도 음식	전주비빔밥에 안동 식혜	초등학교 사회 3학년 2학기(1. 환경에 따라 다른 삶의 모습, 2. 시대마다 다른 삶의 모습)
32	조선의 명화	앗, 김홍도 할아버지다!	초등학교 사회 5학년 2학기(1. 옛사람들의 삶과 문화, 2. 사회의 새로운 변화와 오늘날의 우리)
33	전통 문양	단청아, 넌 너무 예뻐	초등학교 사회 5학년 2학기(1. 옛사람들의 삶과 문화) / 중학교 역사①(미래엔, Ⅱ. 삼국의 성립과 발전, 대교, 미래엔, Ⅲ. 통일 신라와 발해, 대교, Ⅳ. 고려의 성립과 발전, 미래엔, Ⅴ. 고려 사회의 변천)